Welten in meinem Kopf

MIA LENZE

Welten in meinem Kopf

Bibliografische Information der Deutschen Nationalbibliothek
Die Deutsche Nationalbibliothek verzeichnet diese Publikation in der Deutschen Nationalbibliografie; detaillierte bibliografische Daten sind im Internet über http://dnb.d-nb.de abrufbar.

Umschlagdesign, Satz, Herstellung und Verlag:
BoD - Books on Demand
ISBN 978-3-7431-0689-5

Inhalt

Dinge, die ich sehe

Traum

Und ich gehe,
laufe und wandere durch die Welt.
Schwebe über Wiesen,
Wald und Feld.
Will um mich schauen,
will leben lernen.
Blicke in den Nachthimmel
zu den Sternen.

Lerne hier
lachen, glauben und lieben,
all die bösen Gedanken besiegen.
Lerne, das Glück
und die Wunder zu sehen
und möchte so viel Neues verstehen.

Bemerke,
wie bunt die Welt doch ist,
aber all dies hat seine Frist.
Es geht vorbei wie nie gewesen.
Wie ein Buch –
zu Ende gelesen.

Ein Traum?

Lächeln aus Stein

Die Wellen schlagen an die Klippe,
der Wind zerzaust ihr blondes Haar.
Sie kaut nervös auf ihrer Lippe,
der Blick erscheint mir unwahr.

Die Beine schaukeln hin und her,
die Hände wutverkrampft,
auch das Atmen fällt ihr schwer.
Es ist wie ein innerer Kampf.

Ihr Rücken gerade wie ein Stock,
als wär' sie starr und ängstlich.
Sie regt sich nicht, fast wie im Schock.
Was geschieht, ist unumgänglich.

Ein junger Mann tritt nun zu ihr
und lächelt sie schief an.
Ein gequälter Blick zu mir,
sie widmet sich ihm dann.

Wie schnell ihre Augen erkalten.
Ich seh', sie will nicht bei ihm sein.
Er könnte sie niemals halten.
Ihr gelogenes Lächeln – ganz und gar aus Stein.

Morgenschlaf

Das Morgenlicht strahlt,
die Sonne malt
auf die Fensterscheibe einen Regenbogen.

Tautropfen auf dem Rasen.
Kinder drücken ihre Nasen
ganz tief in die Kopfkissen hinein.

Rot schimmernde Wolken.
Der Wecker sagt, sie sollten
sich endlich regen und aus dem Bett bewegen.

Sonne kitzelt ihr Gesicht,
doch das stört sie nicht.
Munter träumen und träumen sie.

Räkelt euch doch.
Raus aus dem Loch!
Schaut hinaus in die frische Morgenluft.

Schatz

In den Ruinen meiner Seele
liegt ein Geheimnis gut versteckt
und so sehr ich mich auch quäle –
es hat noch niemand je entdeckt.

In den Trümmern tief verborgen
bleibt der kleine Silberschweif.
Ich hoff', du machst dir keine Sorgen,
denn er ist in Sicherheit.

Auch ich selbst kann dir nicht sagen,
was es ist, denn es ist fern.
Du brauchst auch nicht zu fragen.
Er bleibt bei mir, der Funkelstern.

Das Spiel der Töne

Singen.
Singen will ich.
Klingen.
Klingen soll die Macht der Saiten.
Umringen.
Umringen sollen uns die Klänge.
Verschlingen.
Verschlingen soll uns die Musik.

Singen!
Singen will ich.

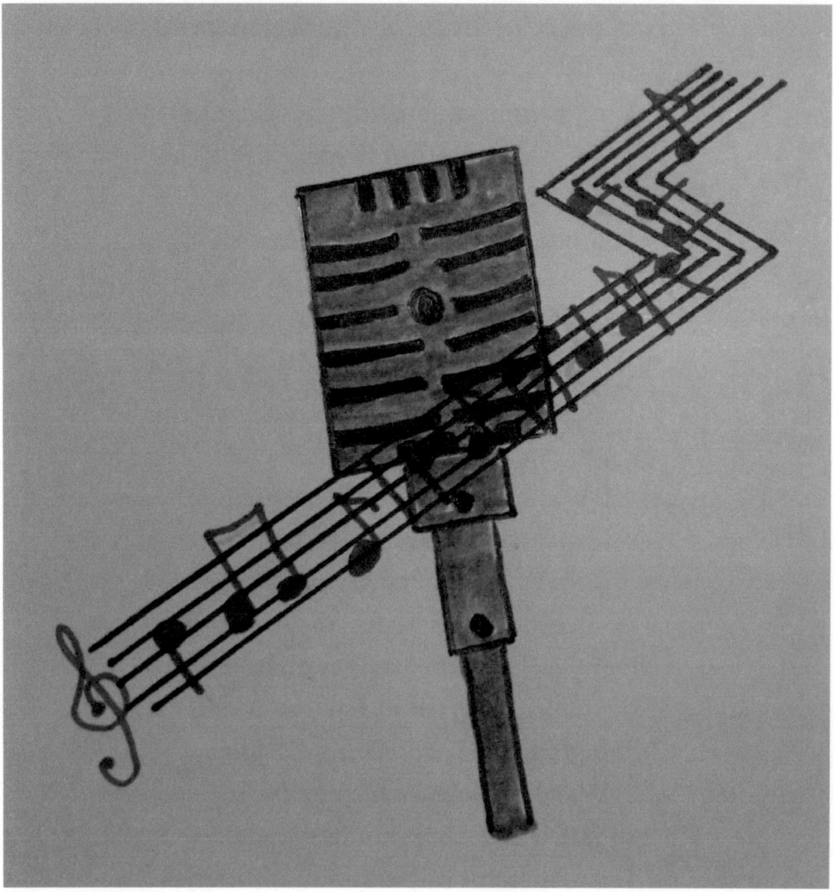

Die menschliche Sternschnuppe

Ein Lachen wie ein Glockenklang.
Engelsstimme gar.
Hell und wunderbar.
Ich hör' so gerne den Gesang.

Wie Sterne funkeln in den Augen.
Ich schau gebannt hinein.
Glitzernd, klar und rein.
Ich kann das gar nicht glauben.

Das Gesicht so fein und bleich.
Wie eine Prinzessin.
Stolz hebend das Kinn.
Doch weiß ich wohl, sie ist nicht reich.

So golden glänzt das lange Haar.
Wie gern würd ich's berühr'n.
Die warme Schönheit spür'n.
All dies scheint mir kaum noch wahr.

Nachtfahrt

Dunkel –
der Blick aus dem Fenster.
Hell –
die Lampen an der Decke.
Müde –
die Menschen auf Heimkehr.
Wach –
die von der Partystrecke.
Monoton –
die Lautsprecherstimme.
Weitläufig –
die eigenen Gedanken.
Neu –
der Tag, der hier nun beginnt.
Alt –
die Schienen und Schranken.

fühlen

Ein Schein.
Wie ein Zauberwesen.
Ein Schimmer.
Wie die sichtbare Aura.
Das Strahlen.
Wie das der Sonne.
Der Glanz.
Wie ein wahrer Diamant.
Ein Glühen.
Wie die Hitze des Feuers.
Ein Glimmen.
Wie gedimmtes Licht.

Veränderung

Es ist dunkel draußen,
dunkel drinnen.
Bin wie von Sinnen.
Darf nicht aufhören zu laufen.

Der kalte Mond vergeht
hoffentlich bald.
Der Himmel schallt.
Aber es ist nie zu spät.

Ein einziger Sonnenstrahl
ist warm genug,
er tut mir gut
und das ist nicht das letzte Mal.

Und jetzt ist es wieder hell.
Mein Lachen
will Feuer entfachen.
Nur Geduld – das geht nicht ganz so schnell.

Shit!

Die Sonne scheint ihr ins Gesicht.
Dabei isst sie ihre Stulle –
doch nicht ganz ein Mittagsgericht.
Auf der Nase die Sonnenbrille.

Die Krähen staksen hier umher,
alles scheint so friedlich.
Nur das Warten fällt noch schwer.
Trotzdem: Das Wetter ist sonnig.

Doch plötzlich fällt etwas vom Baum.
Ihr Blick – gar nicht begeistert.
Ein großer Fleck, so weiß wie Schaum.
Ein Vogel hat sich erleichtert.

–J–

Angriff in der Nacht (???)

Das Spiegelbild des Fuchses,
daneben das des Luchses.
So rot wie Blut und weiß wie Schnee
blicken sie herunter in den See.
Sie stehen auf einem Scherbenhaufen.

Das Blut in ihren Ohren –
laut und ungelogen.
Die Flecken und Tropfen.
Hörst du das Klopfen?
All das weist den richtigen Weg.

Schlangen fraßen das Feuer
wie große Ungeheuer.
Ratten fraßen die Sterne,
von nah und aus der Ferne.
Sie sind nun für immer fort von dieser Welt.

Verschwunden vorbei

Momente, die Herzklopfen sind –
Herzklopfen, das doch vergeht.
Wenn sie dich zu Tränen rühren
und du kannst es nicht verstehen.

Dein Kopf, der sagt: »Es kann nicht sein.«
Und doch bist du so voll Freude.
Dein Lächeln alles übertrifft,
doch das ist nur für heute.

Eine Sekunde später schon
vermisst du die Momente.
Sie werden nie mehr wiederkommen.
Herzklopfen geht zu Ende.

– Vermisse euch –
???, N.H.

Gegensätze

Ein Baum, ein Blitz, ein Donnerschlag.
'ne kühle Nacht, ein warmer Tag.
Die Sonne, Sterne und der Mond.
Einmal erwischt, einmal verschont.

Hohe Wellen, seichte See.
Blumen, grünes Gras und Klee.
Sandstrand weich und Kiesel rau.
Wolken weiß und Himmel blau.

Manchmal traurig, manchmal froh.
Jetzt und hier und anderswo.
Nass vom Regen, trockne Haut.
Etwas erworben und etwas geklaut.

Einst aktiv, nun regungslos.
Ich bin klein und du bist groß.
Eingefroren, aufgetaut.
Ich kann schweigen, du schreist laut.

Narben

Es sind nur Kratzer,
Spuren der Vergangenheit.
Was vorbei ist, ist vorbei.
Gar nichts weiter.
Sie haben nichts zu sagen.
Man stellt doch keine Fragen.

Sie sind einfach da.
Nur etwas an der Oberfläche,
nur der zugeklappte Fächer.
Nicht unnahbar.
Sie haben keinen tiefen Sinn,
sagen nicht aus, wer ich bin.

Das ist doch logisch.
Ein Erlebnis ist Erinnerung,
hat nichts mit der Schramme zu tun.
So altmodisch.
Einen Riss in der Haut als Abbild kundzutun
für Schmerzen, Hass und Gewalt oder Ruhm.

Doch halt!
Sieh es andersrum.
Sowas zu sagen, wäre doch dumm.
Sei nicht kalt.
Denk mal daran,
was man durch eine kleine Wunde sagen kann.

Schau mal:
Sie hilft dir, dich zu entsinnen,
was damals geschah – draußen wie drinnen.
Nicht ihre Zahl.
Es geht nicht darum, wie viele du hast,
sondern was du ohne sie hättest verpasst.

Siehst du?
Weißt du, was ich meine?
Sie sind wichtig – große und kleine.
Es ist, als schrieben sie deine Lebensberichte.
Und jede Narbe hat ihre Geschichte.

Verflogen

Sobald die liebe Liebe sagt,
was sie niemals sagen sollte,
dass sie da jemanden hasst,
den sie immer haben wollte.

Sobald die süße Liebe bitter,
schmeckt sie, dass die Würze fehlt
und dann will sie fort schnell laufen,
obwohl die andre da noch steht.

Sobald die junge Liebe alt ist,
alt, verkümmert und verblasst,
fühlt sie sich für jeden an
wie eine untragbare Last.

Sobald die große Liebe klein,
wird sie manchmal auch zertreten,
holt sie trotzdem noch mal Luft,
muss sie dennoch nicht mehr beten.

Sobald die liebe Liebe tut,
wofür sie nie geschaffen war:
aus sich selbst Hass zu entwickeln,
ist sie einfach nicht mehr wahr.

Die Schlange & die Maus

Sag: Wie hat es die Schlange gemacht?
Vorsichtig, gut überlegt, mit Bedacht?
Hat sie darüber sinniert Tag und Nacht?
War sie sich bewusst ihrer Macht?

Ich kann dir versichern, sie hat sie gefressen.
Die Maus hat ahnungslos dagesessen.
Es war ja nicht mal ein Kräftemessen.
Sie hatte keine Chance und das schuppige Tier ist's gewesen.

Du meinst, sie kann's nicht gewesen sein?
Sie waren getrennt in Terrarien – allein.
Das Verschwinden der Maus sei nur Schein?
Die Denkfähigkeit der Schlange zu klein?

Sie käm' durch die Scheibe niemals heran,
selbst wenn sie die Maus ganz nah sehen kann.
Ihr Hunger verstärkt noch dieses Verlang',
doch das Glas versperrt ihr den Weg sodann.

Und glaube mir wohl, das Schuppentier war's.
Sie ist es gewesen, die das Motiv besaß
und dennoch war sie hinter Glas.
Doch sie war es, die das Mäuschen fraß.
Bevor du nun weiterliest, überlege dir etwas.

Ich habe dir eine Lösung versprochen:
Vielleicht ist sie durch eine Öffnung gekrochen.
Vielleicht hat die Maus die Gefahr nicht gerochen
oder die Schlange hat liebe Worte gesprochen.

Aber nur vielleicht ...

Schicksal

Wir sind zum Schweigen geboren.
Zum Stillsein erzogen.
Zum Zusehen gemacht,
zum Gehorsam gebracht.

Wir sind fleißig, weil wir sollen.
Machen das, was andere wollen.
Wir lachen dann, wenn es erlaubt.
Es wird nicht gemordet oder geklaut.

Aber bestehlen lassen wir uns.
Alles ist schwarzer, nebliger Dunst.
Jeder Mensch ist einzigartig,
aber warum wir was tun sollen, frag nicht.

Warum sind denn Dinge bestimmt?
Damit es uns die Freiheit nimmt.
Ich möchte im Spiegel mich selber sehen
und nicht für alle Menschen stehen.

Was Menschen nicht schaffen

Die Qualle und die Koralle –

Sie können, was anderen nicht gelingt:
Koralle geht's gut, wenn Qualle so schwimmt.

Beide sind sich vollkommen gleich,
akzeptieren sich aber im großen Teich.

Sie sind da, ohne dem andren zu gehören.
Leben aneinander vorbei, ohne sich gegenseitig zu stören.

Die Qualle und die Koralle.

Lange und endlich

So lange gewartet,
so lange gespart.
Jetzt endlich gestartet,
jetzt endlich bewahrt.

Jeden Tag und jede Nacht
ein eigenes kleines Lächeln.
Immer da, immer bewacht.
Niemals mehr zu brechen.

Allen Mut und alle Hoffnung,
alle Kraft und Zuversicht.
Ein kleines Wunderwerk der Schöpfung
und ein kleines bisschen Licht.

So lange gewartet,
so lange gespart.
Jetzt wird durchgestartet,
jetzt wird alles bewahrt!

Tod

Der Tod ist nur ein stummer Gegner
im verwirrten Netz des Lebens.
Allgegenwärtig verbirgt er sich doch
und reibt sich die Hände und lacht.

Mit seiner Kapuze zeigt er kein Gesicht,
während er heimlich Pläne schmiedet.
Sein nebliger Dunst kriecht leise voran.
Wir sehen ihn nie, den schwarzen Mann.

Der dunkle Lord wacht über uns.
In jeder einzelnen Sekunde
hält er uns in schützender Hand.
Wir balancieren ahnungslos auf einem dünnen Band.

Das Schmetterlingskind

Vor und rück,
die Schaukel schwingt.
Alles still,
ein Vogel singt.

Nicht ein Mensch,
sie ist allein.
Kein Geräusch.
Muss still nun sein.

Still und leis',
ein Flügelschlag.
Schmetterlinge,
warmer Tag.

Ringsherum
fliegen sie hin,
umkreisen sie
das Schmetterlingskind.

Das Mädchen
ohne ein Gesicht.
(Bleiben sie,
bis die Sonne erlischt.)

Du – ihr – wir

Engel

Engel können fliegen.
Wir können träumen.

Enya T.

Du bist, was du tust

Du willst träumen, du willst fliegen,
alles rundherum besiegen.
Du willst wachsen, willst entdecken
und dich niemals mehr erschrecken.

Du kannst glauben, du kannst singen –
so die Welt zum Staunen bringen.
Möchtest spielen oder tanzen,
suchst nicht nach dem großen Ganzen.

Du darfst weinen, du darfst lachen,
immer wieder Blödsinn machen.
Darfst verrückt sein und ein Kind,
auch wenn alle anders sind.

Du bist du

Alles möchtest du umarmen,
alles sollte dir gehör'n.
Dein Leben, bunt in diesem Rahmen,
hatte vieles, dich zu stör'n.

Doch all das hast du vergessen.
Lachen sollst du, fröhlich sein.
Von nichts und niemandem besessen
hast du alles – nenn es dein.

Du siehst, was andere ignorieren.
Bist besonders, anders, neu.
Hast nicht Angst, dich zu verlieren.
Bleibst dir selber immer treu.

Deine Welt

Lass dir nie sagen, wohin dein Weg führt.
Nur du hast die Wahl, du hast es gespürt.
Nur du hast gemerkt, wohin es dich zieht
und weißt nun allein, wo dein Ziel liegt.

Du baust im Leben deine eigene Stadt,
in der jeder seine Stellung hat.
Doch so weit es ist, du gehst niemals allein.
Wen du haben willst, der wird bei dir sein.

Nicht selten musst du Berge erklimmen.
Doch lass niemals Grenzen deine Welt bestimmen.
Wie weit du sehen kannst, entscheide selbst.
Und wessen Hand du dabei hältst.

Verbindung

Das Gefühl noch unbegreiflich,
wenn du in mein Blickfeld trittst.
Jedes Mal auf's Neue merk ich:
Oh, wie hab ich dich vermisst.

Bis heute kann ich dir nicht sagen,
wo mein Herz dich einsortiert.
Als Bruder oder besten Freund,
hofft nur, dass es dich nie verliert.

Ob nah, ob fern – du gehst mit mir.
Wir wissen, was wir teilen.
Seh' jedes Mal so viel in dir.
Uns trennen keine Meilen.

Das, was du in mir entfachst,
wann immer du bei mir bist,
wenn du wieder mit mir lachst –
spüre ich, was Freundschaft ist.

– O –

Versöhnt

Es freut mich sehr.
Es ist so schön.
Endlich wieder vor dir stehen.

Bist wieder da.
Darf dich umarmen.
Jetzt ist mir bei dir wieder warm.

Wir sind Freunde.
Das ist gut.
Du machst meinem Lächeln Mut.

Hast mir gefehlt.
Nun ist's okay.
Es ist schön, wenn ich dich seh'.

Wie eine Minute

Wunderschön –
ganz ruhig und still.
Sicherheit –
die jeder will.
Zeitlos sein –
in Welt und Raum.
Erinnerung –
nicht nur aus Schaum.
Kurz und knapp –
und trotzdem da.
Doch manchmal fern
und manchmal nah.
Ich dank dafür und bin's nicht leid.
Eine Minute deiner Zeit.

– S –

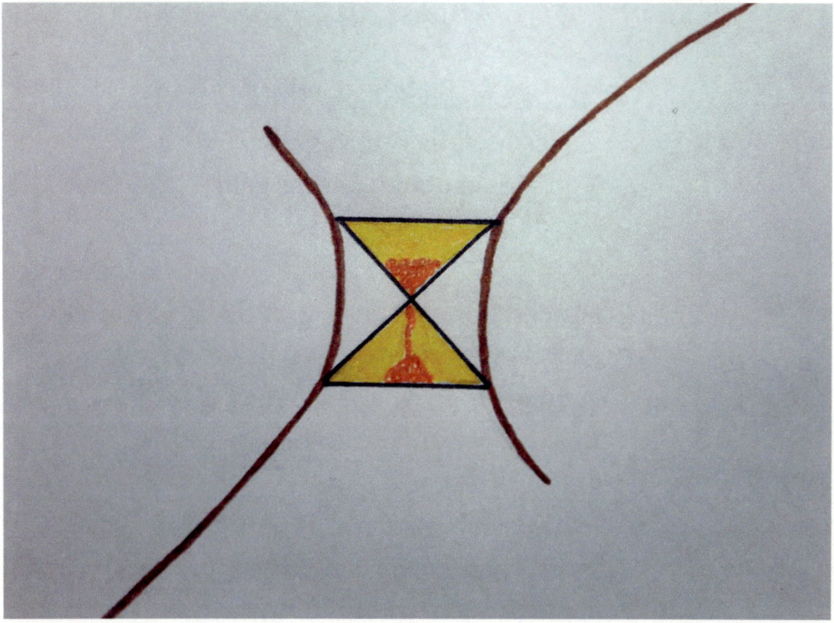

Angestaut

Immer wieder dieser Stolz.
Jedes Mal die Stirne kraus.
Wenn's nicht deines Weges geht,
bist du wieder raus.

Deine Meinung ist mir wichtig,
doch nicht so, wie du es willst.
Denn ich mache, was ich mag.
Egal ist, was du davon hältst.

Hör doch auf zu kritisieren.
Stoppe endlich diesen Drang.
Du magst es an dir selber nicht,
doch es ist ein Zwang.

Ewig nur die Diskussionen.
Wann ist das denn mal vorbei?
Ich kann das nicht mehr lange hören.
In meinem Kopf nur noch Geschrei.

Wieso muss ich kämpfen
und warum gegen DICH?
Kannst du es nicht sehen?
Das bin eben ICH!

– ☹ –

Verhindere doch einen Abschied!

Weinend auf dem Weg zum Bahnhof.
Schon seit Tagen unterwegs.
Die Welt um mich herum verblasst
und ich muss laufen.
Barfuß und mit einem Rucksack voller Steine.
Ist es Zweifel, den du mir ins Grab legst?
Ich fühle mich alleine.

Du hieltest mich mit einem zarten Band,
das nun zu einer Fessel wurde.
Hast den Drang zu kontrollieren.
Ich will das nicht!
Reiße und zerre an dem Seil, das mich zu fest an dich bindet
und so gehe ich nun zu Grunde?
Will, dass du mich wiederfindest.

Von Weitem höre ich den Zug schon rattern,
der bisher jeden von dir nahm.
Auch ich bekam dafür ein Ticket
und ich muss laufen.
Die Tränen tropfen in Flüssen herab.
Wolltest du das, als ich zu dir kam?
Du legst mir Zweifel mit ins Grab.

– ☹ –

So nicht!

Er hört sich nicht reden,
hört sich nicht zu.
Wann immer ich gehe,
zeig ich: Gib Ruh!

Trotzdem lacht er immer noch,
findet Beleidigung witzig.
Schubst mich in ein tiefes Loch.
Ich falle und nichts hält mich.

Versuch' es mit dem bösen Blick,
auch der verändert nichts.
Ist das alles nur ein Trick?
Eine Spiegelung des Lichts?

Ich weiß, dass es auch anders geht.
Nur warum muss DAS sein?
Und wenn er das nicht bald versteht,
dann werde ich zu Stein!

Sorry

Vergangenheit ist längst vorbei,
doch warum dieser Ärger?
Ist so gut wie einerlei,
doch DEIN Wille ist wohl stärker.

Wieder mal ist es geschafft:
Ich sag kleinlaut »Sorry«.
Dieses Wort nimmt meine Kraft
und du sagst nicht »Don't worry«.

Los! Alle auf die Kleine, Dumme.
Die, die immer nachgibt.
Diese Liebe, diese Stumme,
die doch eh alles vergibt.

Hast du wieder ein Problem?
Merkt ihr alle gar nichts?
Wo und wie muss ich denn stehen,
damit dein Ego nicht zerbricht?

Ganz einfach

Du liebst mich,
ich liebe dich,
wir lieben uns.
Klingt so leicht und ist doch eine Kunst.

Laternen

Glaubst du dich komplett verloren,
dann hab keine Angst.
Du weißt, was du kannst.
Es wird dein eigner Stern geboren.

Fühlst du plötzlich Einsamkeit,
denk an deine Stärke
und deine inneren Werte.
Bald schon endet dieses Leid.

Und fehlt dir einmal nur der Mut,
hab doch Zuversicht.
Alleine bist du nicht.
Nicht lang, und es geht dir wieder gut.

Wenn du nicht mehr weiterweißt,
dann erstrahlt ein Licht.
Es entzündet sich
und du bemerkst, dass es »Leben« heißt.

Was du brauchst, das ist Vertrauen.
Halt den Kopf erhoben.
Der Himmel wird dich loben.
Auf dich selber kannst du bauen.

Merke dir: Du kannst es schaffen.
Denk an das kleine Licht,
bevor es dir entwischt.
Verstand und Herz sind deine Waffen.

Sei nicht traurig, schau hinauf.
Du siehst es leuchten.
Was alle bräuchten.
Die Dinge nehmen ihren Lauf.

Lass die Hoffnung niemals schwinden.
Folge dem Lichtblick,
vergiss die Logik.
Du wirst dort die Zukunft finden.

Geh nur dem Gefunkel nach.
Du hast die Möglichkeiten
deine Welt zu weiten.
Die Strahlen halten für dich Wacht.

Bleib dabei, du hast die Chance.
Das Licht wird dich geleiten
zu ungeahnten Seiten.
Bewahr nur deine Contenance.

Was ist Mut?

Mut – was ist das eigentlich?
Was denkt ihr darüber?
Wenn man an sich selber glaubt,
dann ist die Angst vorüber?

Ist es Grenzen überwinden,
ohne auch nur Furcht zu zeigen?
Ist es neue Orte finden
und nicht immer hier zu bleiben?

Handelt es sich um Veränderung?
Andere Dinge zu probieren?
Oder stellt man sich lieber dumm,
um nicht den Boden zu verlieren?

Über den eigenen Schatten zu springen,
heißt das vielleicht mutig sein?
Heißt es, trotz Zuhörern laut zu singen
oder zu tanzen – nicht immer allein?

Statt mit Pistolen mit Worten zu schießen?
Lieber böse zu sein oder gut?
Die Hände umeinander zu schließen?
Erzählt mir, was ist für euch Mut?

Lose verankert

»Lass mich in Ruh, lass dich zufrieden!«,
rufe ich aus, ohne zu siegen.
Gehirn, schalt dich ab, hör auf zu denken
und mich in die falsche Richtung zu lenken.

Es muss doch auch etwas Neues geben.
Man kann nicht für immer mit den gleichen Menschen leben.
Gott, wenn du mich hörst, schenk mir Vernunft.
Ich komm so nicht voran in diesem Sumpf.

Und wenn es dich gibt, dann schenk mir Verstand.
Vielleicht segle ich dann wieder zum Land,
statt völlig verloren vor mich hinzutreiben,
aber trotzdem gebunden zu bleiben.

Es soll so nicht enden. Das kann doch nicht sein.
So wäre ich immer zur Hälfte allein.
Ich möchte wieder fliegen. Gib mir die Kraft.
Und über meine eigenen Gedanken die Macht.

Ich habe gelernt, etwas zu halten, ist schwer.
Aber es loszulassen schmerzt mehr.
Bitte befrei uns und habe uns selig.

...

Ich glaube, wir sind zu all dem, was ich hier schrieb,
nicht fähig.

Teile

Und wenn du auch alles hingibst von dir,
alles zerrupfst, alles verschenkst,
so wird es nicht besser, als du denkst.
So wird es nicht anders, weil du an mir hängst.
Bin ich doch trotzdem ein Licht in dir!

Und all dies bringt mich so zum Lächeln.
Teilweise lach' ich uns aus.
Aus einem Teufelskreis kommt man nicht raus.
Für diese Erkenntnis geb' ich mir den Applaus.
Irgendwann werden wir brechen.

Und wenn wir daran dann zugrunde gehen,
hältst du mir dennoch die Hand,
weil jeder andere Mensch schon verschwand.
Dann gehen wir einfach mit dem Kopf durch die Wand
und all die Zweifler, sie werden schon sehen.

Und sie kapieren, es ist doch okay.
Vielleicht lassen wir uns dann zufrieden,
lernen, uns selber wieder zu lieben.
Egal wie es kommt, wir werden siegen.
So simpel, dass sogar ich es versteh.

Und bei jedem Blick in den Spiegel, kannst
du nur mein Gesicht erkennen,
wird dein kleines Herz dir brennen.
Flüsternd wirst du meinen Namen nennen,
bevor du mit Scherben dein Gesicht zerschrammst.

Und das alles, weil ich dir wieder mal fehle.
Du versinkst in dieser Trauer
und sie ist von langer Dauer.
Freiwillig stehst du im Regenschauer.
Die Schmerzenstropfen benetzen deine Kehle.

Nicht ganz korrekt

Aus Liebe zu dir hab ich mich ganz vergessen.
Alles für dich getan statt für mich.
War dabei wie besessen.

Aus Liebe zu dir hab ich nicht an mich gedacht.
Hab dir so ziemlich alles erlaubt
und auch alles mitgemacht.

Aus Liebe zu dir vernachlässigte ich mich.
Du warst das einzig Wichtige hier.
Ich kümmerte mich nur um dich.

Aus Liebe zu mir hör ich nun damit auf.
Ich sehe dich nicht mehr so an.
Und so nimmt mein Leben nun meinen Lauf.

Sinne

Kannst du die weichen Wolken singen hören?
Sie haben es immer getan.
Sangen für dich, ohne weiter zu stören.
Mit ihnen fing dein Leben an.

Schmeckst du die bunten Regenbogenfarben?
Wollen dir alles versüßen.
So sollst du ab heut' nicht länger darben
und all die hübschen Mädchen küssen.

Fühlst du das Leuchten der Sterne in dir?
Wie sie immer den Weg dir weisen.
Der Ritter öffnet alsdann sein Visier.
Kann gehen, statt nur zu kreisen.

Kannst du die Hitze der Sonne riechen?
Aus der Ferne wohlig warm.
Um innere Stärke zu errichten.
Bist von Gefühlen nicht mehr arm.

Siehst du den Wind in deinem Gesicht?
Wie achtsam er dich streichelt.
Er flüstert ein leises Liebesgedicht,
womit er dir sehr schmeichelt.

Sag mir ...

Sag mir, wie man liebt.
Sag mir, wie man lebt.
Sag mir, wie man fliegt.
Sag mir, wie man schwebt.

Sag mir, wie man atmet.
Sag mir, wie man glaubt.
Sag mir, wie man wartet.
Sag, wie man vertraut.

Sag mir, wie man schweigt.
Sag mir, wie man lacht.
Sag mir, wie man schreit.
Sag, wie man entfacht.

Sag mir, wie man annimmt.
Sag mir, wie man gibt.
Sag mir, wie man gewinnt.
Sag mir, wie man verliert
und sag mir, wie man liebt!

Freundschaft

Jemand, der dein Verhalten
vielleicht nicht immer nachvollziehen kann,
aber dich dafür nicht verurteilt –
das ist ein wahrer Freund.

Seefahrt

Sanfte Wellen hin und her.
Wir lassen uns treiben
Richtung Neuland,
um nicht dort zu bleiben,
wo wir hergekommen sind.

Sanfte Wellen hin und her.
Das Schiff schaukelt sacht
im Wind zur Seite.
Wir stehen aufrecht mit Bedacht
in unendlicher Weite.

Sanfte Wellen hin und her.
Ein lauter Ruf erschallt:
»Land in Sicht!«
Die Stimme des Matrosen hallt
tief und mit Gewicht.

Sanfte Wellen hin und her.
Der Anker wird ausgeworfen.
Wir gehen von Bord
und wagen kaum zu hoffen,
dass alle Sorgen nun fort.

Wir beide

Ich hab's immer gesagt:
Wir zwei schaffen alles.
Hast mich so lange geplagt.
Im Falle jedes Falles.

Jetzt sitz ich mit dir Arm in Arm
und wir können lachen.
Was aus deinem Munde kam,
waren tröstliche Sachen.

Es geht mir gut an deiner Seite.
Wir können nun sogar reden.
Natürlich nicht zu allen Zeiten,
aber miteinander leben.

Nun, endlich, verstehen wir uns.
Die Welt dreht sich mit dir.
Dich umarmen – nicht länger Kunst.
Es gibt wieder ein »wir«.

Eine Freundschaft ist entstanden,
auch durch deine Worte.
Und endlich haben wir uns verstanden
und gehen an neue Orte.

Verschwunden

Wir haben uns gerade erst gesehen,
gerade erst Tschüss gesagt.
Ich kann es einfach nicht verstehen,
warum mich das so plagt.

Vor ’ner Sekunde warst du hier,
hieltest mit mir Schritt.
Doch kaum bist du nicht mehr bei mir,
nicht mehr in meinem Blick,

glaub ich, irgendetwas fehlt.
Ich bin nicht mehr ganz da.
Immer noch auf dich gezählt,
dein Bild vor mir so klar.

Bist du weg, bin ich nur halb.
Du gibst mir neue Kraft.
Mit dir zusammen sind wir Hulk
und halten des Schwertes Schaft.

– ☹ –

Wenn ...

Wenn alle sagen: »Lass den Scheiß!«,
halte dich erst recht bereit.

Wenn jeder guckt, als wärest du dumm,
hau sie einfach alle um.

Wenn alle von dir Abstand halten,
hör nicht auf, dich zu gestalten.

Wenn jeder dich nur missversteht,
sieh ja zu, dass es weitergeht.

Wenn alle nur die Köpfe schütteln,
denk daran, dich wachzurütteln.

Wenn jeder dir die Beine stellt,
glaub dran, was dich aufrecht hält.

Wenn alle nur noch gegen dich sind:
Deine Überzeugung stimmt!

Ich in meiner Welt

Vorwärts sehen

Ich war ganz unten,
am Boden zerstört.
Hab gefleht und gebettelt
und wurde nicht erhört.

War wie ein Geldschein:
von Hand zu Hand
immer weitergereicht.
Und niemand hat den Wert erkannt.

Das ist jetzt egal.
Ich zerbreche meine Schale.
Nun entscheide ich allein,
wie ich das Bild meines Lebens male.

Ab jetzt bin ich kein Yo-Yo mehr
und auch für keinen der Fußabtreter.
Ich lasse nicht mehr mit mir spielen
und das lieber jetzt als später.

Endlich weiß ich, was ich will
und das hat alles seinen Sinn.
Es werden neue Menschen kommen
und bei einem kann ich dann sein, wer ich bin.

Der rote Faden

Sie war schon immer da,
immer wahr.
Ich entdeckte sie erst spät,
es geht.
Nun bleibt sie auch bei mir,
genau hier.
Ist nun tief in meinem Herz,
geht vorwärts.
Ist schwarz-weiß und trotzdem bunt,
macht gesund.
Bleibt auch dann, wenn alle gehen,
kann verstehen.
Tadelt nicht, äußert keine Kritik.

Der rote Faden meines Lebens:
MUSIK!

???

Die Aufregung lässt meine Hände zittern,
lässt die Buchstaben verschwimmen.
Meine Gedanken sind verwirrt,
doch der Moment wird mir entrinnen.

Mein Herz pocht laut in meiner Brust.
Ich hab Angst, dass das passiert,
denn wenn ein schönes Erlebnis naht,
ist es so, dass es wieder vergeht.

»Die drei ???« steht auf dem Plakat.
Nun ist es beinahe so weit.
Meine Finger tanzen schon.
Ich bin dafür noch nicht bereit.

Die Tränen kriechen in die Augen.
Ich freu mich doch so sehr auf euch.
Ich will euch so gern kennenlernen.
Hab euch lieb – Justus, Peter & Bob.

Danke für eine wunderbare Kindheit,
Oliver, Jens & Andreas.

Lange Reise

Die Bahn fährt an,
so schnell sie kann.
Ich schaue aus dem Fenster.
Jemand hier zum Reden.
Muss mich kaum bewegen.
Bin sehr gespannt auf das Ziel.

Die Zeit vergeht,
die S-Bahn steht
ein paar Stationen weiter.
Eine Nachricht nur
und mein Kopf wird stur.
Wir sind hier ganz falsch.

Also raus aus dem Ding,
zur anderen Seite hin
und ab in die andere Richtung.
Nun ärger ich mich,
doch sie sagt: »Das Ziel ist in Sicht.«
Nur sind wir viel zu spät ...

Das hasse ich.

Ich bin schwierig

Meistens nerv ich Menschen schnell.
Hab da gar kein dickes Fell
und oft Angst sie zu verlieren,
die Menschen, die mit mir agieren.

Ich bin oft schwer zu verstehen.
Viele können das nur sehen.
Wird jemals einer an mich glauben?
Sieht die Welt mit meinen Augen.

Ich möchte nur ich selber sein,
ohne ein kaltes Herz aus Stein.
Ich bin verrückt und kindisch, klar.
Anders wäre ich nicht wahr.

Allein sein aber kann ich nicht.
Will nicht, dass mein Herz zerbricht.
Ich möchte jemanden bei mir
und hoffe, du bist ganz bald hier.

Werde Blödsinn, Lachen teilen,
schreibe für dich Liederzeilen.
Dich auf meinen Planet entführen
öffne viele neue Türen.

Doch ich lass dich nun in Ruh.
Meine Augen fallen zu.
Von dir zu träumen ist nicht schwer.
Nur dann vermiss ich dich noch mehr.

Jemand, den ich nicht mal kenne,
schafft, dass ich mich dran verbrenne.
Ich möchte angesehen werden
wie die EINZIGE auf Erden.

Chaoskopf

Es ist nicht richtig, das weiß ich genau.
Damals war doch der Himmel noch blau.
Nun aber hängen die Wolken so grau.
In meinem Kopf ein ewiger Stau.

Ein Stau von angesammeltem Frust.
Da vergeht selbst dem Spieler die Lust
und zu pokern endet nur mit Verlust.
In den Köpfen nichts als Verdruss.

Dieser Verdruss, der sich Blockade nennt,
weil man vor Problemen nur fortrennt,
weil man neue Dinge nicht kennt
und sie nur mit dem Altbekannten stemmt.

Auch ich stemme nur, was ich kann und weiß.
Dennoch ist manchmal etwas zu heiß.
Ich merke, dass ich mich selber noch beiß'.
Die Gedanken im Kopf drehen im Kreis.

Ich warte nur auf des Kreises Ende,
doch es bleibt ständig das gleiche Gelände.
Leg ich ihn einfach in andere Hände?
Hmm ... ob wohl etwas unsere Köpfe verbände?

Märchen

Gern will ich 100 Jahre schlafen,
gern einen giftigen Apfel essen.
Einen Jungen, der mich zum Lachen bringt
und dabei alles andere vergessen.

Vielleicht brauche ich Hilfe dafür.
Könnt ja meine Katze fragen.
Eventuell wohne ich zu weit oben
und er muss bestimmte Worte sagen.

Manchmal ist der Prinz verkleidet.
Zum Beispiel ein ganz armer Mann
oder als ein verzaubertes Tier,
das mir zeigt, wie ich wirklich sein kann.

Aus Verzweiflung schmeiß ich es gegen die Wand
oder biete bei Kälte ein Dach.
Vielleicht ist ein Bauer der Richtige,
weil mich die Gegenwart glücklich macht.

Kann sein, ich werde auf die Probe gestellt –
auf einer Erbse Ruhe zu finden.
Oder ich muss tanzen lernen
und dann um Mitternacht wieder verschwinden.

Jedes Mädchen träumt von ihrem Prinzen.
Ich bin gespannt, wer es ist :)

Noten

Musik ist Leben.
Meine Musik
ist mein Leben.

Gibt man Wünsche auf?

Darf ich mich mal etwas fragen?
Jeder hat doch einen Wunsch.
Um den meinen zu erfahren,
gib den deinen erstmal kund.

Darf ich mir die Frage stellen,
ob man sich abwenden soll?
Du wirst wohl diesen Baum nun fällen.
Dein Glas ist auch nicht mehr halbvoll.

Darf ich fragen meinen Geist,
was nun falsch und richtig ist?
Will wissen, was du niemals weißt:
wer, was und warum du bist.

Darf ich mich mal etwas fragen?
Wann gibt man eigentlich etwas auf?
Wann musst du Adieu sagen
und wann sind Wünsche ausverkauft?

Irgendwann

Ich sehe mein Bild im Wasser verschwinden.
Irgendwann werde ich daran erblinden.
Irgendwann werde ich untergehen
und mich selbst nie wiedersehen.

Irgendwann ist alles vorbei.
Aus zwei Personen werden mal drei.
Dann haben die beiden wenig Zeit
und das bis in die Ewigkeit.

Irgendwann ist man verweht
und fragt sich: »Hab ich je gelebt?«
Irgendwann bin ich ganz weg,
war nur kurz, wie ein kleiner Schreck.

Irgendwann werde ich anders sein
und bin dann wieder winzig klein.
Irgendwann enden alle Quellen.
Irgendwann werd' ich mich stellen.

Wir sehen uns in der Zukunft

Ich glaub, ich bin verliebt.
Verliebt in das Gefühl, dich zu vermissen.
Und ich glaub, dass es dich gibt.
Du bist irgendwo dort draußen.

Ich glaub, ich bin verknallt.
Verknallt in das Gefühl, auf dich zu warten.
Und das Warten macht mich kalt,
deshalb heb ich die Standarten.

Ich glaub, ich bin vernarrt.
Vernarrt in das Gefühl der Leere.
Der Himmel ist bald aufgeklart.
Ein Gefühl wie 1000 Heere.

Trinken

Der erste Schluck.
Ich will hier raus,
mein eigenes »Haus«.

Ein zweiter Schluck.
Hab keinen Bock
auf schicken Rock.

Der nächste Schluck.
Lasst mich in Frieden,
will nicht erliegen.

Noch ein Schluck.
Ich bin nicht ihr,
trink nicht nur Bier.

Wieder ein Schluck.
Ich will nicht mehr!
Die Seele schwer.

Ein weiterer Schluck.
Lasst mich gehen.
Keiner kann's verstehen.

Der siebte Schluck.
Ihr wollt mich verbiegen,
werdet mich kriegen.

Der letzte Schluck.
Lasst mich hier raus!
Meine Lichter gehen aus.

Gleich

Alles ist gleich,
alles bleibt, wie es ist,
alles ist immer.
Alles scheint ohne Frist.

Jeder ist er selbst,
jeder ist mir bekannt,
jeder ist immer.
Jeder scheint entspannt.

Dieselben Gesichter,
dieselben bleibenden Wege,
dieselben sind immer.
Dieselben Gehege.

Jede Woche ist gleich,
jede derselbe Ablauf,
jede ist immer.
Jede im Zeitlupenverlauf.

Nichts ist verändert,
nichts ist mehr neu,
nichts ist nicht immer.
Nichts, worüber ich mich freu.

Naturphänomen

Ich möchte einen Regenbogen,
der mir alle Farben des Lebens zeigt.
Nicht nur schwarz
und nicht nur weiß.

Ich wünsch mir einen Sonnenschein,
der mich anstrahlt, wenn die Wolken dunkel sind,
mich aber nicht blendet
oder die Augen verbrennt.

Ich suche einen Sommerwind,
der mir sanft durch die Haare streift
und nicht stürmt
und auch nicht angreift.

Ich brauche einen Sternenhimmel,
der mir den Weg weist, wenn ich verloren bin,
ohne eine Gegenleistung
zu verlangen.

Ich möchte einen Regenbogen,
der mir alle Farben des Lebens zeigt.
Nicht nur schwarz
und nicht nur weiß.

Stärke

Ich habe mich entschlossen:
Ich brauche dich für mich.
Hab schon viele Tränen vergossen
und jetzt freu ich mich auf dich.

Neue Kraft sollst du mir geben,
mich ansehen und mir aufstehen helfen.
Sollst mir alle Ängste nehmen
und mir zu neuem ICH verhelfen.

Jeden Schmerz will ich ertragen,
jede Sekunde ist es wert,
dich danach bei mir zu haben.
Ich fühle mich geehrt.

Und egal, was alle denken,
du gibst mir meinen Mut zurück.
Ich werde dir mein Lächeln schenken
und du bringst mir wieder Glück.

Meine Unsicherheit soll dein Opfer sein.
Friss dich daran rundum satt.
Gemeinsam rollen wir jeden Stein
und machen alle Gegner platt!

Dank dir!

Abschluss und weiter

Nun ist das schon mal geschafft.
Ein Schritt vorwärts ist getan.
Hab es hinter mich gebracht,
wenn auch ganz ohne Elan.

Die Zukunft kommt mir immer näher.
Sie ist weit und unbekannt.
So ganz ist's mir nicht geheuer.
Hab mich oft an Wünschen verbrannt.

Dennoch werd' ich mir solche erfüllen.
Geb' das Bild in meinem Kopf nicht auf.
Nicht alle Geheimnisse enthüllen.
Ich selbst bestimme doch den Verlauf.

Shorties

Geplatzt

»Morgen?«

»Ja. Bitte, ich habe heute wirklich keine Zeit.«

»Aber warum nicht? Es war doch abgemacht. Außerdem kommt morgen Abend meine Lieblingsserie. Die darf ich nicht verpassen.«

»Mila, das ist jetzt unfair. Ich muss mich ständig nach dir richten.«

»Hä? Wie bitte? Das kann doch nicht dein Ernst sein. Du bist manchmal so egoistisch.«

»Und das musst du gerade sagen?!«

»Weißt du was, Tina, wir lassen es einfach.«

»Wie jetzt? Wir wollten doch aber schon seit einer Ewigkeit mal wieder ins Kino.

Mann, Mila, wir haben schon so lange nichts mehr nach der Schule zusammen gemacht.«

»Dann kannst du aber echt nicht immer nur nach deiner Nase gehen. Tschüss, ich geh nach Hause.«

»Mila!«

Sternensee

»Mach doch mal die Taschenlampe an. Ich sehe nichts. Aua, jetzt bin ich in ein Loch getreten. Ich sag's ja: Mach das Ding an.«

»Ist ja schon gut. Ich finde sie nur gerade nicht. Moment. Ah, da. Warte ... jetzt.«

»Boa, endlich. Oh, guck mal. Eine Sekunde später und ich wäre gegen einen Baum gerannt. Haha!«

»Timing halt. Was machen wir eigentlich hier?«

»Keine Ahnung. Hatte gerade Bock auf einen Spaziergang. Du hättest ja auch nicht unbedingt mitkommen müssen.«

»Meinst du echt, ich lasse dich nachts allein in den Wald gehen? Außerdem hat es irgendwas. Ist cool.«

»Ja, oder? Wie früher bei Nachtwanderungen.«

»Haha! Mann, das waren immer die besten. Auf Klassenfahrt oder so.«

»Ja, kleine Kinder erschrecken.«

»Guck mal da: ein Teich. Sieht voll schön aus im Dunkeln, wenn sich die Sterne darin spiegeln. Als könnte man sie vom Boden aufsammeln.«

»Oder ein Tor zu einer anderen Welt.«

»Stimmt. Hey, willst du ausprobieren, wo es hinführt?«

Stopp

»Gib es her! … Bitte? Ich … bitte! Nein, gib es her!«

»Wirst du jetzt frech, Kleiner? Oh, rufst du gleich nach deiner Mami? Ach, wie süß, nicht wahr, Jungs?«

(Alle) »Hahahaha!«

»Hey! Was soll das werden? George, lass den Zwerg in Ruhe! Ich hab es dir schon tausendmal gesagt.«

Anders

»Ich hab Hunger, habe ich gesagt. Biiiiiiiitte gib mir was ab. Ich nerve dich auch nie wieder, ehrlich.«

»Na schön. Hier, ein Keks, und jetzt halt verdammt noch mal die Klappe.«

»Danke, danke!«

»Klappe, hab ich gesagt!«

»Okay.«

»So, endlich Ruhe. Was soll denn das in letzter Zeit auch? Immer willst du mein Essen.

Gibt dir deine Mutter nichts mit?«

»Nö.«

»Warum denn?«

»Keine Ahnung.«

»Doch, hast du, also sag schon. Immerhin hab ich dich nicht verhungern lassen ... Obwohl der Gedanke sehr verlockend war, du kleiner Drache.«

»Ey ... sie ... sie ... ihr geht es einfach nicht gut. Sie steht immer erst um zehn auf und Papa wohnt ja gar nicht mehr bei uns, also ...«

»Wieso steht sie so spät auf?«

»Es geht ihr nicht gut! Bitte, lass mich damit in Frieden.«

»Oh ... tut mir leid. In Ordnung. Ich wollte dir nicht zu nahe treten. Entschuldige.«

»Schon gut, aber ich ... Das ist nicht gut ... also ... ist einfach nicht das richtige Thema zum Plaudern.«

»Okay, ich werd's mir merken. Die Pause ist auch bald zu Ende. Was hast du jetzt für Unterricht?«

»Musik, und du?«

»Mathe.«

»Oh, das mag ich.«

»Wie bitte? Ich hasse es.«

»Na, logische Verbindungen herstellen und Zusammenhänge erkennen. Das finde ich super. Ich mag Zahlen.«

»Ach so ...«

»Hihi. Ja, ist schon irgendwie seltsam. Ich weiß.«

»Hmhm ... Du bist auch anscheinend ... anders.«

»Mein Vater meinte immer: Während andere Kinder helle Sommertage sind, bist du eine klare, kühle Winternacht.«

»Das ist schön gesagt. Er scheint ein kluger Mann zu sein.«

»Schon, aber ich weiß bis heute nicht, was genau er meinte, und das waren seine Abschiedsworte vor zwei Jahren ...«

Toilette

Er kommt mir entgegen. Ein großer, bösartig vor sich hinstarrender Mann. Bestimmt drei Köpfe größer und 20 Jahre älter als ich. Mein Herz setzt bei seinem Anblick kurz aus.

Der ist mir nicht ganz geheuer. Aber ich gehe weiter. Als die Toilettentür hinter mir zufällt, bricht die Musik weitestgehend ab. Ist nur noch dumpf durch die Wände zu hören. Ich bemerke, dass ich allein bin, und stelle mich vor eines der Waschbecken. Als ich in den Spiegel schaue, dreht sich alles. Wohl doch ein bisschen zu viel Alkohol. Oh Mann, wie krieg' ich dieses Gefühl nur wieder weg? Ich gehe zur hinteren Wand und lasse mich daran hinabsinken. Auf dem Boden sitzend, betrachte ich die Wände. Ehemals weiße, nun graue Fliesen bedecken sie. Die knallbunten Graffitis scheinen vor meinen Augen zu tanzen. Mir fällt auf, dass eines der Pinkelbecken an der Seite abgebrochen ist. Könnte eine Gefahr darstellen. Plötzlich fällt mir dieser Dreck in die Augen. Er ist überall. Eklig.

Und nun wird mir bewusst, dass ich auf diesem verkeimten Boden sitze. Schnell stehe ich auf, aber ich will nicht wieder da raus. Diese Nervensäge rennt mir doch nur wieder hinterher. Irgend so eine Schicki-Micki-Tussi, die anscheinend was von mir will.

Schnell verschließe ich mich in der hintersten Klokabine und setzte mich auf den Toilettendeckel. An der Tür stehen Worte … Sprüche?

›Tanz, Mäuschen, tanz für mich.‹

›Fuck you heaven!‹

›No reason = just fun!‹

›Den Rest des Abends bei mir, Süße.‹

Ich höre auf zu lesen, als mir die Schritte auffallen. Schwere Schritte, die mir bekannt vorkommen. Der unheimliche Typ von vorhin?!

Plötzlich: ein paar schwarze Springerstiefel unter dem Schlitz der Kabinentür.

Gefangen

»Was machst du da?« Ihre Frage steht im Raum wie ein Schneemann auf einer Sommerwiese: Sie verschwindet wieder. Schmilzt zu einer Pfütze und ist schon wieder vergessen. Ohne Antwort. Ohne Blick auf ein Morgen. Einfach weg. Ignoriert.

Er steht vor ihr, mit dem Rücken zu ihr, und rührt sich nicht. Sein Blick ist starr auf die Felswand gerichtet, als wolle er sie damit sprengen. Das blutige Gesicht macht ihr Angst. Es ist nicht mehr der gleiche junge Mann wie gestern noch. Er rührt sich noch immer nicht. Aber warum nur? Wie konnte das geschehen? Die rote Flüssigkeit tropft an seinen Händen, an seinen Fingern hinunter. Er scheint abwesend. Scheint den Schmerz gar nicht zu spüren. Gefühllos? Kalt? Sie ist verzweifelt. Stürmt auf ihn zu. Schüttelt ihn an den Schultern. »Wie konnte das passieren? Lass mich hier raus! Ich will hier raus!«

Sie schlägt mit aller Kraft die Fäuste gegen seine Brust, die sich immer noch hebt und senkt wie in totaler Panik. Er ist nicht mehr derselbe. Nicht mehr der optimistische Mensch, den sie kennt. Nein, den sie kannte.

Ein einziges, sekundenartiges Erlebnis hat ihn gerade von Grund auf verändert.

Die Mauern vor ihnen lassen keinen einzigen Funken Licht hindurch. Abgeschnitten von der Außenwelt. Allein. Mit IHM. Ob das gut enden wird? Ob sie wohl jemals wieder das Tageslicht erblicken werden? Warum denn ausgerechnet ER? Hätte das nicht ihr Freund sein können? Die Schulter, an die sie sich sonst immer angelehnt hatte ... Ob sie ihn je wiedersehen wird? Nun ist sie hier. Abgeschnitten vom Leben. Mit einem Menschen, der ihr wohl kaum Schutz bieten wird. Sie beginnt zu weinen. Die Verzweiflung macht sich breit. Verschüttet unter der Erde, und das alles nur wegen einer albernen Mutprobe.

Sie hätten sich dieses ganze Elend auch ersparen können, wenn diese dumme Kuh nicht gewesen wäre. Und nun steht er da, voller Blut, und hat es endgültig aufgegeben, sie beide freigraben zu wollen. Denn Steine kann man nicht einfach beiseiteschieben. Keine von dieser Größe. Gleichzeitig fallen sie auf die Knie. Weinend hält sie seine Schultern noch immer umklammert. Plötzlich greift er nach ihr. Zieht sie zu sich und hält sie fest. Umarmt sie wie jemanden, den man nach Jahren endlich wiedersieht.

Oder ... den man nie wiedersehen wird. Bei diesem Gedanken bekommt sie Angst.

»Wir kommen schon raus ...« Ihre Stimme versagt. Ist plötzlich einfach weg. Bricht ab.

Und sie lässt alles fallen. Lässt die Umarmung zu und erwidert sie. Denn es tut so gut, zu spüren, dass sie hier unten nicht allein ist. Dass da jemand ist, mit dem sie die Angst teilen kann. Denn geteiltes Leid ist halbes Leid. Trotzdem will sie nur hier weg.

Seine himmelhellblauen Augen blicken traurig in ihre. »Wir sind verloren, oder?«

Schwach schüttelt sie den Kopf. »Nein. Nein, das glaube ich nicht. Sie werden uns doch suchen. Abgemacht war eine halbe Stunde. Sie werden uns suchen.« Und wieder Tränen.

Tränen der Unsicherheit und Hoffnungslosigkeit.

Ein Licht erscheint vor ihren Augen, doch welcher Art es ist, kann sie nicht sagen.

Es wird heller. So hell, dass sie die Augen zukneifen muss und ihr Gesicht in seiner Schulter vergräbt. Als sie hochblickt, voller zurückgekehrter Hoffnung ... ist die Schuttmauer noch immer an ihrer Stelle.

Unverändert.

Es war nur Einbildung.

Laute Stille

Aus! Es ist aus. Man weiß nicht, was, aber etwas fehlt.

Irgendwas ist nicht mehr da, was vorher noch so nah war. Musik. Man kann sie nicht hören.

Die Leute tanzen, aber die eigenen Ohren werden taub. Die Augen blind. Nichts mehr.

Ohnmacht? Nein, das ist es nicht. Man ist wach. Bei vollem Bewusstsein.

Aber man kann nichts mehr fühlen. Nichts. Leere. Stille.

Innen drin ist alles ruhig. Ganz plötzlich. Und man weiß nicht, warum.

Kann es nicht sagen. Kann es nicht erklären. Einfach Ruhe.

Ruhe und sonst gar nichts. Die Bewegungen der anderen nimmt man nur noch schwach wahr. Kaum merklich.

Man hat das Bedürfnis zu schreien, aber bekommt keinen Ton aus der Kehle.

Man will lachen, aber kann den Mund nicht dazu verziehen.

Will weinen, aber es kommen keine Tränen. Nichts.

Und dann wird es laut. Nun nimmt man alles wahr.

Jede kleinste Bewegung, jedes leiseste Geräusch. Ganz nah.

Eine Tür schlägt zu. Vielleicht in Kilometern Entfernung und man hört es.

Nun will man sich doch wieder gern verschließen.

Will weg, will raus, hat kein Ziel.

Diese Phasen wechseln ab. Immer wieder. Lange Zeit.

Wann es aufhört? Das weiß man nie.

Jeder kann es nur selbst herausfinden.

Wann das alles auftritt?

Seht selbst.

Stimmungen

Leer. Mein Kopf ist leer und ich schließe meine Augen.

Ich schüttele den Kopf und denke an eine flauschig weiße Wolke. Zuckerwatte. Rosig süß schwebt sie dahin und denkt an nichts Böses. Sie ist so unbeschwert und leicht, wie ich es gern wäre. Gern würde ich das Verhalten einer Wolke wiedergeben können, doch mein Bauch ist mit Steinen gefüllt. Ich springe hoch, kann aber meine Flügel nicht ausbreiten. Wenn ich es mal so weit bringe, tragen sie mich nicht. Traurig blicke ich zu Boden und glaube, nichts mehr schaffen zu können. Doch dann denk ich an das Lied.

»Hey!« Es sagt, man soll niemals aufgeben. Man soll an das Licht hinter dem Tunnel denken, das auf jeden Fall da ist.

Und ich atme ein und habe Zuversicht.

Nun weiß ich: Jede schlechte Zeit hat ihr Ende und dann kann man wieder lachen.

Denk an dieses Lachen!

Wiedersehen macht Freude

»Hey! Hey, Kelly!«

Sie dreht sich um.

»Noah?«

Sie lächelt.

»Ja, hey. Boa, du läufst vielleicht schnell. Ich bin ganz aus der Puste.«

»Entschuldige, ich hab dich nicht gesehen. Was willst du denn?«

»Schon gut. Alles cool. Ich dachte nur, lange nicht mehr gesehen, und wollte mit dir quatschen.«

»Okay. Kaffee?«

»Trink ich nicht. Saftbar?«

»Super! Gerne.«

Beide grinsen sich an.

»Na dann los.«

Lachend fährt sich Noah durch ihre langen, dunkelbraunen Haare.

Unterschiede

»Rot.«
»Blau.«
»Bunte Blumen.«
»Weiches Gras.«
»Schokolade.«
»Popcorn.«
»Tee.«
»Cappuccino.«
»Pommes.«
»Schnitzel.«
»Lange Haare.«
»Kurze.«
»Kariert.«
»Gestreift.«
»Leise.«
»Laut.«
»Entspannung.«
»Action!«
»Fernseher.«
»Kino.«
»Musik.«
»Filme.«

»Mann, sind wir verschieden!«
»Na und? Wir verstehen uns doch trotzdem.«

Paradies

Ein schönes Wort. Lausche dem Klang, wenn du es aussprichst: Paradies.

Es klingt so bunt. Hell und sonnig. So nach Natur.

Es klingt nach Lächeln, nach Geborgenheit. Zuhause.

Nach einer Welt, die jeder sucht und keiner findet.

Eigentlich ist es überall. Überall da, wo du bist. Wo du dich wohl fühlst. Es ist ein Teil von dir, lebt in dir, mit dir.

Wenn du es NICHT suchst, erst dann wirst du es finden.

Denn alles, was dich glücklich macht, jeder Mensch, der dich zum Lächeln bringt (wenn du nicht lachen willst), ist ein Paradies für sich. Und du eines für dich.

Katzenauge

Sie ist wunderschön, wie sie in der Sonne glänzt und an mir vorüberrollt. In Sekundenschnelle kullert sie die Bahn entlang. Wer hat es nicht geliebt als Kind, Murmelbahnen zu bauen? Warum damit aufhören? In jedem von uns steckt ein Kind und man kann nur so lange ein echtes Leben führen, wie dieses Kind noch in einem wohnt. Sobald es weg ist, ist man nur noch ein Schatten seiner selbst. Behalte dieses junge Geschöpf, das du einst warst, immer fest bei dir.

Tief in deinem Herzen.

Solch schöne Geschichten flüstert mir die Murmel zu, während sie so kullert.

Mädchen

Blond, groß und blaue Augen. Schlank, gesund, vielleicht noch gut gebräunt, ein flacher Bauch.

So stelle ich mir eine Traumfrau für jeden Jungen vor.

Bitte schön. Sei's drum!

Sie ist mein genaues Gegenteil. Ich trage eine Brille, bin klein und habe recht dunkle Haare und sehr, sehr helle Haut.

Nur die blauen Augen stimmen, allerdings sind meine auch etwas dunkler. Ich mag sie.

Wer mich nicht mag, soll halt gehen. Ich bin so und ich bleibe so. Für keinen Menschen auf der Welt soll man sich verbiegen. Außerdem sind Jungs ständig der Meinung, alle Mädchen wären zickig.

Die sollen sich mal selbst reden hören!

Jungs

Ich verstehe mich gut mit manchen. Mit den Jüngeren. Die können noch nett sein. Die 13-, 14-Jährigen. Mit denen kann man richtig reden. Die in meinem Alter zicken rum, ignorieren einen, labern Scheiße, machen andere runter und denken nur an das Eine. Warum denn? Warum können die nicht auch nett sein?

Mein Freund wohnt sowieso in der Zukunft. Mit seinen blauen Augen hinter den schwarzen Haaren lächelt mich das Bild in meinem Kopf liebevoll an. Ich weiß nicht, wer und wo du bist, aber ich hoffe, wir lernen uns bald kennen.

Auf hoher See

Hey! Endlich geht es los. Wir segeln in die weite Welt und lassen uns auf dem Meer treiben. Der Ozean mit seinen bunten Fischen liegt unter uns wie eine weiche Decke, die uns auffangen kann. Alle gemeinsam blicken wir hinab.

Die Farben weichen dunklen Tiefen, doch das ist egal.

Wir segeln weiter. Der Horizont nähert sich.

Die Fische springen aus dem Wasser und lächeln uns zu.

Einige von uns springen in die Wellen, andere ziehen sie dann wieder hinauf. Wir lachen gemeinsam.

Der Augenblick zählt und ist unbezahlbar. Wir alle sind füreinander da. Miteinander.

Manchmal streiten wir, aber das kommt vor. Die Spiegelungen in den Weiten des Meeres sehen uns an.

Das sind wir. Wir leben und wir leben gemeinsam.

Jeder Einzelne von uns gehört auf dieses Schiff. Auch wenn man den einen oder anderen gern über Bord werfen würde, tut man es nicht, weil man ihn vermissen würde.

Wir leben gemeinsam.

Fragen

Die Geschichte meines Lebens wäre zu lang, sie hier niederzuschreiben. Doch die Geschichte dieses Momentes zu kurz.

Fragen des Lebens kann man in 3,5 Minuten nicht klären. Man kann sie sich stellen. Zu unendlicher Zahl.

Doch nicht zufriedenstellend beantworten. Mein Kopf ist leer und ich sehe nur die Worte vor mir, die ich schreibe.

Ob wohl irgendjemand sie verstehen wird?

Denn was in meinem Kopf logisch ist …

Reise

Und die große Reise beginnt.

Alles fliegt um uns herum. Wir aber scheinen uns nicht zu bewegen. Sehen dem Unsinn einfach zu und fragen uns, was hier geschieht. Du nimmst mich sachte an der Hand und flüsterst: »Du bist nicht allein.« Ganz ohne ein Wort zu sagen. Die Welt um uns herum vergeht, doch dein Blick löst sich einfach nicht von meinen Augen.

»Ich habe das Meer schon immer geliebt«, sagst du, als du meinen fragenden Blick bemerkst und lächelst.

Ich will wegsehen, doch ich kann nicht. Du hältst mich einfach zu fest. Angenehm fest. Sorgsam. Achtsam.

Meine Wangen brennen.

Alles fliegt um uns herum.

Fairytale

Erzählen kannst du wie sonst kaum jemand. Märchen und Geschichten, die man sonst nirgendwo hört. Die sonst niemand kennt. Das ist dein besonderes Talent.

Menschen in deinen Bann ziehen, sie zum Staunen bringen.

Doch leider erzählst du nur Lügen. Wäre doch nur ein Wort deiner Geschichten wahr. Du wärest so ein guter Mensch.

Bist du dessen fähig?

Anscheinend nicht. Immer wieder geht es von vorn los.

Immer wieder verzauberst du die Leute mit deinem unbeschreiblichen Lächeln.

Und jedes Mal aufs Neue hören sie dir zu.

Lauschen auf jedes Wort ...

und fallen auf dich herein.

Luft anhalten

Ich stand auf der Wiese vor der Schule und redete mit Freunden, als der junge Mann mit den dunklen Haaren und dem manchmal recht schüchternen Blick aus der Tür kam.

Ich sah ihn aus dem Augenwinkel, folgte weiter den Gesprächen meiner Kameraden und erst dann realisierte ich wirklich seine Anwesenheit. Auch er stand in seiner Gruppe.

Mit den Händen in den Hosentaschen und der Kapuze seiner grauen Strickjacke über dem Kopf sah er dem Jungen in meinen Gedanken so verdammt ähnlich. Dem Bild in meinen Gedanken, das eine Art perfekten Jungen für mich zeigte.

Er sah ihm wieder so verflucht ähnlich, dass ich Herzklopfen bekam. Ohne es anfangs zu bemerken, spiegelte ich sein Verhalten: schaute von ihm weg und versenkte die Hände in den Taschen. Dann atmete ich ein und blickte auf.

»Entschuldigt mich kurz. Ich geh einem Bekannten Hallo sagen.« Damit ging ich hinüber. »Hey«, presste ich heraus. Nur gegenüber der Gruppe war es mir so peinlich.

Dann bemerkte er mich. »Hi«, sagte er in leisem Ton, wie immer, und lächelte ein kleines bisschen. Es fiel mir nicht leicht, weiterzusprechen. »Wie geht es dir?«, begann ich den Smalltalk wie immer. »Gut, und bei dir?«, fragte er mit seiner leisen Stimme. Ich nickte nur. »Auch.« Dann riss ich mich zusammen. Heute. Heute! »Kann ich dich kurz ausleihen?«

Er zuckte mit den Schultern und kam ein Stück von den anderen weg. Es war kurz vor Pausenschluss, als ich schluckte. Immer wieder sagte ich mir das Motto: »20 Sekunden mutig sein«, lächelte aber weiter. Dann begann ich zu zählen. 1, 2, 3, 4 … 10. Jetzt oder nie. »Sag mal, isst du gern Kuchen?« Verwundert blickte er mich an. »Äh, klar. Warum?«

»Ich auch, aber ungern allein. Kommst du heut Nachmittag mit? Du hast doch auch vier Blöcke heute.« Nachdenklich kratzte er sich am Hinterkopf. Verdammt. Doch die falsche Frage? »Ich meine, hier in der Nähe hat doch eine neue Bäckerei geöffnet und die wollte ich mal testen gehen.«

Hätte ich es lieber lassen sollen? Aber ich wollte ihn.

Schon lange. »Komm schon«, bat ich und grinste beschämt.

»Na schön, warum nicht.« Erleichtert ließ ich die Schultern sinken. Dabei versuchte ich ihn das nicht merken zu lassen.

»Cool. Dann bis nachher«, sagte ich und winkte, während ich zu meinen Klassenkameraden zurücklief.

– ❄ –